I Hear the World Sing

Sento cantare il mondo

I Hear the World Sing

Sento cantare il mondo

Italian and American Children Joined in Poetry

Bambini italiani e americani uniti in poesia

Edited by
David Hassler,
Jessica Jewell &
Stephanie Siciarz

A cura di
David Hassler,
Jessica Jewell e
Stephanie Siciarz

THE KENT STATE UNIVERSITY PRESS
Kent, Ohio

In Association with the Academy of American Poets
In associazione con l'Academy of American Poets

This publication was made possible in part through the generous support of
La pubblicazione di questo volume è stata possibile in parte grazie al generoso supporto del

The Thomas and Mimi Freeman Family Fund

A portion of the proceeds from the sale of this book will support the Traveling Stanzas project.
Una parte del il ricavato della vendita di questo volume sarà devoluto al progetto Traveling Stanzas.

ISBN 978-1-60635-389-9
Manufactured in Korea

Cataloging information for this title is available at the Library of Congress.

Published by The Kent State University Press, in Association with the Academy of American Poets

Pubblicato dalla Kent State University Press in associazione con l'Academy of American Poets

23 22 21 20 19 5 4 3 2 1

CONTENTS

FOREWORD

By Cristina Giachi (Deputy Mayor, City of Florence)

I Hear the World Sing has the great value of connecting Italian and American children through the bridge of poetry. This project has highlighted their shared experience in a series of poems that illuminate interesting perspectives and reflections on the theme of origins and belonging. This project has fostered students' passion and love for their respective homes, and emphasized the importance of human relationships and the centrality of the family. It is very poignant to read the lines of a group poem from 12-year-old students who describe Florence as the "most beautiful city in the world," the place where they wish to return at the end of every journey. I believe that this sense of belonging bodes well for the future of Florence, a city in constant transformation and renewal that embraces, every day, in its most intimate artistic and architectural dimension, the multitude of souls that come from so many different parts of the world.

I would like to thank everyone involved in this project: Kent State University Florence, the Wick Poetry Center at Kent State University in Ohio, as well as the many participating schools from Florence and Northeast Ohio. It is thanks to the efforts of students, teachers, families, and institutions that the virtual bridge between Florence and Kent has become a reality.

PREFAZIONE

di Cristina Giachi (Vicesindaca, Comune di Firenze)

Sento cantare il mondo ha avuto il grande pregio di unire bambini italiani con bambini americani creando un ponte attraverso la poesia. Questo progetto ha sottolineato le loro esperienze comuni in una serie di poesie che hanno fatto emergere interessanti prospettive e riflessioni sul tema comune dell'appartenenza e della provenienza. Questo progetto ha ispirato nei bambini la forte passione e l'amore verso la propria città e ha messo in luce l'importanza per loro delle relazioni umane e familiari. Significativo e commovente il verso di una poesia scritta da un gruppo di ragazzi di 12 anni che concludono la loro composizione riferendosi a Firenze come alla 'città più bella del mondo', il luogo dove desiderano ritornare alla fine di ogni viaggio. Credo che questo senso di appartenenza sia di auspicio anche per il futuro di Firenze, città in continua trasformazione che si rinnova ogni giorno accogliendo nella sua più intima dimensione architettonica e artistica le numerose anime che provengono dalle più disparate parti del mondo.

Ringrazio tutti coloro che si sono adoperati alla realizzazione di questo progetto: la Kent State University Florence, il Wick Poetry Center della Kent State University in Ohio, nonché le numerose istituzioni scolastiche che sia nel comprensorio fiorentino che in Ohio hanno accolto questa iniziativa. È grazie all'impegno quotidiano di studenti, docenti e istituzioni che il ponte virtuale tra Firenze e Kent è diventato reale.

By Fabrizio Ricciardelli (Director, Kent State University Florence Center)

In North American society, travel and intercultural exchanges have always had a central role in the formation of citizens, thus contributing to the building of their personal identity. A great number of novels and books have been inspired by travel experiences, literary works that still today encourage young people to explore the world and their place in it. Many American universities even include in their curriculum a study experience outside the United States, in cities such as

di Fabrizio Ricciardelli (Direttore, Kent State University Florence Center)

Nella società nordamericana i viaggi e gli scambi interculturali hanno sempre giocato un ruolo centrale nella formazione dei cittadini dando l'opportunità di definire la loro identità personale. Numerosi sono i resoconti e i romanzi che si sono ispirati alle esperienze di viaggio, forme letterarie che ancora oggi invitano generazioni

Florence, where students' experiences have led to a cultural networking between Italy, and thus Europe, and the United States.

This book presents the interaction through poetry, a creative journey, of Florentine and American children as they reflect on the idea of belonging to a place, and on the concept of their identity within that place. This project is in keeping with the mission of Kent State University Florence, whose objective, since 1972, has been the formation of global citizens open to differences and to the challenges of the new millennium. The inclusive language of poetry is seen in this volume as an opportunity to make comparisons, an opportunity for a conversation between different worlds and experiences where distance, seemingly great, grows smaller through the act of writing.

di giovani a vivere un soggiorno all'estero e a esplorare il loro ruolo nel mondo. Molte università americane hanno iniziato a includere nel proprio curriculum un periodo di studio al di fuori dei confini nazionali, in città come Firenze dove si sono sviluppate molte delle iniziative culturali volte a collegare il mondo italiano, e quindi europeo, a quello oltreoceano.

Questo volume accoglie esperienza di interazione poetica, un viaggio creativo, fra bambini fiorentini e americani, nel solco di un dialogo che si è sviluppato intorno al tema dell'amore per il luogo di appartenenza e della propria identità. Il progetto riflette la missione della Kent State University Florence, che dal 1972 persegue l'obiettivo di formare cittadini globali aperti all'alterità e alle sfide del nuovo millennio. Il linguaggio inclusivo della poesia è inteso in questo lavoro come il luogo del confronto, come una conversazione fra mondi e esperienze diverse in cui gli spazi, apparentemente lontani, si avvicinano inesorabilmente attraverso l'esercizio della scrittura.

INTRODUCTION

We hear a lot these days about what separates us, how other people's lives, experiences, and values are not our own. *I Hear the World Sing* tells a different story. Through the authentic voices of children, living thousands of miles apart and with an ocean between them, we find instead a story of poetic connection.

Since 2009, the Wick Poetry Center's Traveling Stanzas poetry project has paired striking graphic design with original poems by children. These poems have traveled far in the United States and abroad through publications, public art installations, digital creative tools, and interactive poetry exhibits. In 2015, we invited schoolchildren from Florence, Italy, to join in this ever-expanding conversation of poetry and, through translation, began to share the children's poems between these two communities across the borders of language and culture. Wick Poetry Center staff met with teachers and students in Florence multiple times to share prompts and writing strategies, and in 2016 we displayed a bilingual exhibit of Traveling Stanzas posters and videos at the Tuscan Anglo-American Festival in Florence, Italy.

The point of entry for this global conversation was a poetry prompt of three little words, "Where I'm From" ("Io vengo da" in Italian), inspired by George Ella Lyon's well-known poem of the same title. We asked the students to consider their own origins, to explore their sense of home and belonging, and to express the sights, sounds, tastes, scents, and sensations from which they were grown. The answers are as vast and poignant as "blue ink" and "smooth peaches," revealing not only the connection between the children's different worlds—their homes and families, the natural world that surrounded them, and the creative identities that blossomed within them—but also their connections to each other, despite their growing up on two different continents. "I'm from the chirp / of little birds," writes eleven-year-old Valentina Bessi in Florence, giving voice to her larger sense of home in the natural world that has no boundaries.

The conversation that began with the exploration of "Where I'm From" gave rise to other prompts that

INTRODUZIONE

Sentiamo parlare molto oggigiorno di tutto ciò che ci separa, di come le vite, le esperienze e i valori degli altri non sono i nostri. *Sento cantare il mondo* racconta una storia diversa. Attraverso le voci autentiche di bambini che abitano a kilometri di distanza, separati da un oceano, troviamo invece una storia di connessione poetica.

Dal 2009 il progetto di poesia "Traveling Stanzas" del Wick Poetry Center ha messo insieme arte grafica fascinosa e poesie scritte da bambini. Queste poesie hanno viaggiato lontano negli Stati Uniti e all'estero attraverso pubblicazioni, installazioni d'arte pubbliche, programmi digitali creativi, e mostre interattive di poesia. Nel 2015 abbiamo invitato dei bambini di Firenze a unirsi a questa conversazione in poesia che si espande sempre di più e, attraverso la traduzione, abbiamo cominciato a condividere le poesie dei bambini tra queste due comunità oltre le frontiere di lingua e di cultura. Lo staff del Wick Poetry Center ha incontrato insegnanti e studenti a Firenze diverse volte per fornire temi e strategie di scrittura e nel 2016 è stata allestita una mostra bilingue di poster e di video del progetto Traveling Stanzas al Tuscan Anglo-American Festival a Firenze.

Il punto di partenza per questa conversazione globale è stato un tema di scrittura di tre piccole parole, "Io vengo da" ("Where I'm From" in inglese), inspirato dalla ben nota poesia di George Ella Lyon di questo titolo. Abbiamo chiesto agli studenti di riflettere sulle proprie origini, di esplorare i concetti di casa e appartenenza, e di esprimere le immagini, i suoni, i sapori, i profumi e le sensazioni che li hanno cresciuti. Le risposte erane estese e commoventi: "l'inchiostro blu" e "pesche lisce", svelando non solo il legame tra i mondi diversi dei bambini—le loro case e le loro famiglie, il mondo naturale che li circonda e le identità creative sbocciando dentro di loro—ma anche il legame tra i bambini stessi, nonostante fossero cresciuti su due continenti diversi. "Vengo dal cinguettio / di uccellini", scrive l'undicenne Valentina Bessi da Firenze, dando voce al suo concetto più vasto di "casa" come il mondo naturale senza confini.

allowed students to delve more deeply into the worlds that shaped them. They wrote more specifically about their homes and their cities; about nature (trees, bees, rivers); and about who they are (what they like, why they write). In these unique and authentic stanzas, where you might expect to encounter difference, you will discover instead a deeper common ground, a shared human experience. The very word "stanza," from Italian, means a room—a place to pause. Indeed, we can see here how writing from such Traveling Stanza prompts provided these children with moments of pause, pockets of time, in which they could slow down and reflect on their lives—and to resonate with the voices of others.

"My voice is the borrowed song of my ancestors. / It tells a story I share with the world," writes a fifth-grade class in Akron, Ohio. This collection sings across the borders of our individual lives and joins two continents through the universal language of poetry. What's more, it joins two specific languages, Italian and English, pairing translations with original texts. Kent State University upper-level Italian students took on the task of stripping language—sometimes Italian, sometimes English—from the essence of what these children wished to say so that they could accurately map those sentiments to a second language. And in addition to identifying with these young poets and the feelings they wanted to express, the student translators had also to consider the formal, linguistic elements of poetry. The resulting translations, articulating the moments and emotions of the original poems, were then polished by their professor, Stephanie Siciarz.

Additionally, Wick designer Zuzana Kubišová, with assistance from Alex Catanese, Principal at Each + Every, illustrated this book to expand the conversation between image and word as well, blending imagery from both cultures.

We hope this bilingual conversation, *I Hear the World Sing*, will encourage students of poetry, of Italian, and indeed readers of any age to reflect on where they come from, to recall the mint candies and whispers of their childhood, to notice the butterflies and ladders to the stars, and to feel a larger sense of home and belonging—to hear our shared human song.

—THE EDITORS

La conversazione avviata con l'espressione di "Io vengo da" ha portato ad altri temi di scrittura che hanno dato agli studenti la possibilità di esaminare in maniera più profonda i mondi che li hanno formati. Hanno scritto in modo più specifico sulle loro case e città; sulla natura (alberi, api, fiumi); e su chi sono (cosa gli piace, perché scrivono). In queste strofe uniche e autentiche, dove ci si aspetta di trovare differenze, si scopriranno invece delle peculiarità in comune, un'esperienza umana condivisa. Vediamo infatti come i temi di scrittura del progetto Traveling Stanzas—che si riferisce proprio alla parola italiana "stanza", un luogo di sosta o di pausa—hanno dato a questi bambini momenti di pausa, piccoli blocchi di tempo per meditazione e riflessione sulle loro vite e per armonizzare con le voci degli altri.

"La mia voce è il canto degli antenati. / Racconta una storia che condivido con il mondo", scrive una classe della quinta elementare di Akron, Ohio. Questa raccolta canta oltre i confini delle nostre vite individuali e unisce due continenti attraverso il linguaggio universale della poesia. In più lega due lingue specifiche, l'italiano e l'inglese, abbinando traduzioni con testi originali. Gli studenti avanzati di italiano alla Kent State University si sono posti il problema di strappare la lingua—a volte l'italiano, a volte l'inglese—dall'essenza di ciò che questi bambini hanno voluto dire in modo da riprodurre questi stessi sentimenti in una seconda lingua. Si sono identificati con i giovani poeti e con i sentimenti che volevano esprimere, ma non solo: gli studenti traduttori hanno dovuto considerare anche gli elementi formali e linguistici della poesia. Le traduzioni che ne sono risultate, esponendo i momenti e le emozioni delle poesie originali, sono state redatte poi dalla loro professoressa Stephanie Siciarz.

Inoltre, il designer di Wick Zuzana Kubišová, con l'aiuto di Alex Catanese, capo dello studio Each + Every, ha illustrato questo libro per ampliare la conversazione, ora anche tra arte e parola, combinando immagini da entrambe le culture.

Speriamo che questa conversazione bilingue, *Sento cantare il mondo*, incoraggi studenti di poesia, di italiano e anche lettori di tutte le età, a riflettere sulle proprie origini, a ricordarsi le caramelle alla menta del nonno e i sussurri dell'infanzia, a notare le farfalle e riconoscere le scale verso le stelle, a percepire le idee di casa e di appartenenza in un senso più grande—a ascoltare il nostro canto umano comune.

—GLI AUTORI

PART I

THE CHIRP OF LITTLE BIRDS

Il cinguettio di uccellini

I COME FROM THE EMBERS

I come from the grumbling of my father,
from my mother's back scratches,
from the shouts of sisters arguing,
from my brother snoring next to me.
I come from the nanny's caresses
that wake me sweetly in the morning.

I come from the good smell of bath gel
in the shower, from the scent of doughnuts
and coconut cookies for breakfast.
I come from the vacuum full of the dog's hair,
from the cat climbing the curtains.

I come from the embers of the fireplace.
They keep me company.
From the couch I dive into
before I fall asleep on grandma's soft belly.

I come from my mother who wears perfume
that smells like strawberry
and from Sunday's high-heeled shoes.

**PRIMARY SCHOOL STUDENTS,
AGES 7 AND 8
FLORENCE, ITALY**

VENGO DALLA BRACE

Io vengo dalle brontolate del babbo,
dai grattini della mamma sulla schiena,
da grida di sorelle che litigano,
da mio fratello che russa accanto a me.
Io vengo dalle carezze della tata
che mi sveglia dolce la mattina.

Io vengo dall'odore buono del bagnoschiuma
sotto la doccia, dal profumo di ciambelle
e biscotti al cocco per colazione.
Io vengo dall'aspirapolvere che raccoglie i peli del cane,
dal gatto che si arrampica sulle tende.

Io vengo dalla brace del camino.
Mi fa compagnia.
Dal divano dove mi tuffo
e poi mi addormento sulla pancia morbida della nonna.

Io vengo dalla mamma che si mette il profumo
che sa di fragola
e dai tacchi a spillo della domenica.

**STUDENTI DI SCUOLA PRIMARIA,
7–8 ANNI
FIRENZE, ITALIA**

AN ABSTRACT PORTRAIT DRAWN IN BLUNT PENCILS

I'm from an abstract portrait
drawn in blunt pencils.
I'm from a life
painted in colors
mixed on the palette.
I'm from the smell
of yellow tulips' pollen,
from the scent of raspberries
on a fruit cake.
I'm from the music
accompanying my pirouettes
when I go to dance class.
I'm from my plaster-pointed dance shoes
I can't wait to wear.
I'm from my pets' affection
they live in my garden.
I'm from the tasty
chocolate biscuits
my mother cooks,
from the crunch of lime-flavored chips
breaking the stillness
of my empty room.

NOEMI CARTOCCI, AGE 11
FLORENCE, ITALY

UN RITRATTO ASTRATTO A MATITA SPUNTATA

Vengo da un ritratto astratto
fatto con matite spuntate.
Vengo da una vita
dipinta di colori
mischiati sulla tavolozza.
Vengo dall'odore
del polline dei tulipani gialli,
dall'aroma dei lamponi
sulla torta di canditi.
Vengo dalla musica
che accompagna le mie piroette
quando faccio la lezione di danza.
Vengo dalle scarpette da punta
che non vedo l'ora di portare.
Vengo dall'affetto dei miei animali
che vivono in giardino.
Vengo dai buoni
biscotti al cioccolato
preparati da mia madre,
dallo sgranocchiare delle patatine al gusto di limetta
che rompe il silenzio
della mia camera vuota.

NOEMI CARTOCCI, 11 ANNI
FIRENZE, ITALIA

THE CHIRP OF LITTLE BIRDS

I'm from the coldness of winter.
I'm from the wind,
blowing on the branches
of the trees.
I'm from the fresh scent of soap
coming out of the washing machine.
I'm from the smell
of my grandfather's car:
its engine burns too much oil.
I'm from the chirp
of little birds
as I wake up,
from the sweet tune
of my pipe
when I play
Christmas songs.
I'm from
the hearty embrace
of my family,
from my friends' smiles and love.
I'm from a dish of lasagna,
that tastes better
every Sunday.

VALENTINA BESSI, AGE 11
FLORENCE, ITALY

VENGO DAL CINGUETTIO DI UCCELLINI

Vengo dal freddo d'inverno.
Vengo dal vento
che soffia sui rami
degli alberi.
Vengo dal profumo fresco di sapone
che viene dalla lavatrice.
Vengo dall'odore
della macchina di mio nonno:
il motore brucia troppo olio.
Vengo dal cinguettio
di uccellini
quando mi sveglio,
dalla dolce melodia
del flauto
quando suono
le canzoni di Natale.
Vengo
dall'abbraccio stretto
della mia famiglia,
dai sorrisi e dall'amore dei miei amici.
Vengo da un piatto di lasagne,
ogni domenica
più saporite.

VALENTINA BESSI, 11 ANNI
FIRENZE, ITALIA

I'M FROM
THE CHIRP
OF
LITTLE
BIRDS
AS I
WAKE UP

WHERE I'M FROM

I'm from a place where friendship happens,
from the first cup of hot chocolate in winter
and the first popsicle in the summer.

I am from Kent, the brittle acorn paradise,
where one would high-five a complete stranger.

I'm from the mud, squished between toes
while running through a backyard sprinkler.
I'm from the squirrel, squabbling and stout.
I am from the raccoon, a mooch and opportunist.
I am from the pecan color of my eyes.
Head to toe, foot to face, skin to bone.
These things make me, me.

I am from the happiness that was born inside me,
from the beautiful sounds of my mother, singing,
from the animals that I love

from the overflowing hearts of loved ones—
and also the poor and the hungry,
the sick and the old, the gone ones.

I am from days of fun, writing everything I see,
from a list of memories
full of things from the state of Ohio.

I come from the words that are spoken to me,
the ink that's in this pen, the paper,
the words and their meanings.

I am from Kent, from Kent State,
my home and family.

I'm from Holden Writer's Club where my pen
moves all over the paper in blue ink.

HOLDEN WRITER'S CLUB,
KENT, OHIO, USA

VENGO DA

Vengo da un posto dove nasce l'amicizia,
dalla prima tazza di cioccolata calda in inverno
e dal primo ghiacciolo d'estate.

Vengo da Kent, paradiso di ghiande fragili,
dove gli sconosciuti si danno la mano.

Vengo dal fango che passa tra le dita dei piedi
quando corro nello spruzzo dell'irrigatore in giardino.
Vengo dallo scoiattolo, rissoso e robusto.
Vengo dal procione, scroccone e opportunista.
Vengo dal color nocciola dei miei occhi.
Dalla testa al ditone, dal piede alla faccia, dalla pelle alle ossa.
Per queste cose io sono io.

Vengo dalla felicità che è nata dentro di me,
dai dolci suoni della mamma che canta,
dagli animali che amo

dai cuori traboccanti di amore per me—
e anche dai poveri e dagli affamati,
dai malati e dai vecchi, dagli scomparsi.

Vengo da giornate di divertimento,
quando scrivo tutto ciò che vedo,
da una lista di ricordi
piena di cose dallo stato dell'Ohio.

Vengo dalle parole che mi dicono,
dall'inchiostro della mia penna, dalla carta,
dalle parole e dai loro significati.

Vengo da Kent, da Kent State,
da casa mia e dalla famiglia.

Vengo dal Club di scrittura «Holden» dove la mia penna
con l'inchiostro blu si muove per tutto il foglio.

STUDENTI DEL CLUB DI SCRITTURA HOLDEN,
KENT, OHIO, USA

I COME FROM THE TASTE OF GOODNIGHT KISSES

I come from the happiness
that my family imparts.
I come from a neighborhood
with a happy garden.
I come from
Mother's games
Daddy's cuddles
and my brother's jokes.
I come from
Florence with her marvels
and from Sardinia's sky-blue sea.
I come from
a family that gives love and happiness,
who tells stories
of when I was little.
I come from
memories that I keep
in my big and fragile heart.
I come from the taste of goodnight kisses.

SARA CHERUBINI, AGE 10
FLORENCE, ITALY

VENGO DAL SAPORE DEL BACIO DELLA BUONANOTTE

Vengo dalla felicità
che trasmette la mia famiglia.
Vengo da un quartiere
con un giardino allegro.
Vengo dai
giochi della mamma
dalle coccole del babbo
e dagli scherzi di mio fratello.
Vengo da
Firenze con le sue meraviglie
e dal celeste del mare della Sardegna.
Vengo da
una famiglia che dà amore e felicità,
che racconta storie
di quando ero piccola.
Vengo dai
ricordi che custodisco
nel mio grande e fragile cuore.
Vengo dal sapore del bacio della buonanotte.

SARA CHERUBINI, 10 ANNI
FIRENZE, ITALIA

THE WIND BROUGHT ME BACK TO MY CITY

I come from the smell of hot bread
drowned
in minestrone,
from the taste of a chocolate egg at Easter.

I come from a return to Sicily

The wind brought me back to my city,
the most beautiful in the world

With the Cathedral, the Bell Tower,
Piazza Santa Maria Novella.
My city is beautiful and fun.

ALESSANDRO GALANTE, IRENE PERINI,
MATTIA BIAGIONI, SIBILLA CHIOZZI, AGE 12
FLORENCE, ITALY

IL VENTO MI RIPORTÒ NELLA MIA CITTÀ

Vengo dall'odore del pane caldo
affogato
nel minestrone,
vengo dal sapore dell'uovo di Pasqua.

Vengo da un ritorno in Sicilia

Il vento mi riportò nella mia città,
la più bella del mondo

Con il duomo, il campanile,
piazza Santa Maria Novella.
La mia città è bella e divertente.

ALESSANDRO GALANTE, IRENE PERINI,
MATTIA BIAGIONI, SIBILLA CHIOZZI, 12 ANNI
FIRENZE, ITALIA

La mia città è bella e divertente.

I WAS SILENT WHEN MY BROTHER WAS BORN

I'm from a mother anxious about my birth.
I'm from a father
happy for me.
I was silent when my brother was born.
It was very beautiful.

LORENZO NICCOLAI, AGE 12
FLORENCE, ITALY

ERO SILENZIOSO QUANDO È NATO MIO FRATELLO

Io vengo da una mamma preoccupata per la mia nascita.
Vengo da un padre
contento per me.
Ero silenzioso quando è nato mio fratello.
È stato molto bello.

LORENZO NICCOLAI, 12 ANNI
FIRENZE, ITALIA

MY VOICE IS THE BORROWED SONG

I am from the sizzle on the grill
on a hot summer day,
the drop falling off my melting popsicle.
I'm from cabbages in the garden
and sandals on my feet.

I am from Frederick Boulevard, Grant and Atwood,
from Barberton chicken and barbeque wings.

I am from my mother who believes in me,
from my grandfather who I remember from old photos.

I'm from English, Nepali, Lao Cai and Japanese.
From sticky rice at every meal,
from ramen and sake.
I'm from doggone it, hit the hay,
and I'll knock you into the future.

I'm from dreaming about splashing
into a smooth, blue pool,
from Mr. D. calming us down,
from words of encouragement
that help me believe in miracles.

I'm from hardwood floors and sweat
from rap music to country and soul.
I am from ashes

I am a bluebird flitting across the sky,
the sun getting brighter each hour,
a giraffe looking over the world.

I am from a father who has been in and out of my life,
from snow-covered branches and cold winters,
the smell of dryer lint.

I am from my mother's tears,
from heroes that save the world,
from black and proud.

I am from hola, namaste, salam, and welcome.
I am from Oak trees that take their time to grow.

My voice blossoms like clover in the meadow
at Goodyear Heights Metro Park
like a daffodil through winter snow.

I am from equations and numbers.
My voice is the rhythm on a tom-tom,
keeping time, making music for my dreams.

I'm just a kid from Akron
where we are all champions.

I am from I Promise, and a city where miracles happen.

My voice is the borrowed song of my ancestors.
It tells a story I share with the world.

I PROMISE NETWORK STUDENTS,
AKRON, OHIO, USA

LA MIA VOCE È IL CANTO DEGLI ANTENATI

Vengo dallo sfrigolio di carne sulla griglia
in una giornata d'estate,
dalla goccia che cade quando il ghiacciolo si scioglie.
Vengo dai cavoli in giardino
e dai sandali ai piedi.

Vengo dai viali Frederick, Grant e Atwood,
dal pollo alla Barberton, le ali con la salsa.

Vengo da mia madre, che crede in me,
da mio nonno che ricordo dalle vecchie foto.

Vengo dall'inglese, dal nepalese, da Lao Cai e dal giapponese.
Dal riso colloso a ogni pasto,
dal ramen e dal sakè.
Vengo da mannaggia, vai a letto,
e ti spacco la faccia.

Vengo da sogni di giochi
in una piscina tranquilla e blu,
dal Sig. D che ci calma,
da parole di incoraggiamento
che mi fanno credere nei miracoli.

Vengo da pavimenti di legno e dal sudore,
dalla musica rap alla musica country e soul.
Vengo dalle ceneri

Sono un pettazzurro che guizza per il cielo,
il sole che brilla di più con ogni ora che passa
una giraffa sorvegliando il mondo.

MY VOICE IS THE BORROWED SONG OF MY ANCESTORS.

Vengo da un padre che nella mia vita c'è e non c'è,
da rami coperti di neve e da inverni freddi,
dal profumo della filaccia nell'asciugatrice.

Vengo dalle lacrime di mia madre,
dagli eroi che salvano il mondo,
da nero e fiero.

Vengo da hola, namaste, salam, e benvenuti.
Vengo dalle querce che ci mettono del tempo a crescere.

La mia voce sboccia come trifogli nel campo
al parco di Goodyear Heights
come un narciso giallo in mezzo alla neve.

Vengo da equazioni e numeri.
La mia voce è il ritmo del tam-tam,
tenendo il tempo, facendo musica per i sogni.

Sono solo un bambino di Akron
dove siamo tutti campioni.

Vengo da Io prometto, da una città dove succedono miracoli.

La mia voce è il canto degli antenati.
Racconta una storia che condivido con il mondo.

STUDENTI DELL'I PROMISE NETWORK,
AKRON, OHIO, USA

I COME FROM
THE
SCENT OF
FLOWERS
FROM
FRESH MILK
AND
FROM THE
SOFT WIND.

MY FAMILY DOESN'T SING

I come from the scent of flowers
from fresh milk
and from the gentle wind.

My family works in the restaurant
but my mom takes us home and stays with us.

I come from parents who were born in China.

My family doesn't sing
doesn't tell stories
keeps close to me
and helps me when I need it.

I have a beautiful family.
Mom is always with me,
Dad cooks things I like,
my sisters help me with homework.

I come from memories that my mother told me.
Some of them are stuck in my mind,
and others in the family album.

EDISON ZHANG, AGE 10
FLORENCE, ITALY

LA FAMIGLIA NON CANTA

Vengo dal profumo dei fiori
dal latte fresco
e dal vento leggero.

La mia famiglia lavora nel ristorante
ma la mamma ci porta a casa e sta con noi.

Vengo da genitori che sono nati in Cina.

La famiglia non canta
non racconta
mi resta accanto
e mi aiuta quando io ho bisogno.

Io ho una bella famiglia.
Mamma mi accompagna sempre,
Papà cucina cose che io voglio,
le sorelle mi aiutano a fare i compiti.

Vengo da ricordi che sono stati raccontati dalla mamma.
Alcuni restano nella mia mente
e altre nell'album.

EDISON ZHANG, 10 ANNI
FIRENZE, ITALIA

MY GRANDMA

Whose hair is frosting on a cake
Whose laugh is a whistle
Who lives inside an acoustic guitar
Whose eyes are little blue buttons
Whose smile sings a million songs
Whose skin is a tender kiss
Who is a tree abundant with life
My grandma
Who is my sky

ASHTON WOOD, AGE 11
AKRON, OHIO, USA

MIA NONNA

I suoi capelli sono la glassa sulla torta
La sua risata è un fischio
Vive dentro una chitarra acustica
I suoi occhi sono piccoli bottoni blu
Il suo sorriso canta un milione di canzoni
La sua pelle è un bacio dolce
È un albero pieno di vita
Mia nonna
È il mio cielo

ASHTON WOOD, 11 ANNI
AKRON, OHIO, USA

MY
GRANDMA,
WHOSE
SMILE
SINGS A
MILLION
SONGS

Sono l'aquilone e tu sei il vento che mi alza.

YOU & I

for my dad

When I break like glass
you fix me up again.
When I'm down
you carry me.
I am a ball
and you're the air in me
making me bounce.
I am a bike
and you're the chain
spinning my wheels.
I am a kite
    and you are the wind
    lifting me up.

TREVELL THOMAS, AGE 9
AKRON, OHIO, USA

TU & IO

per mio padre

Quando mi rompo come il vetro
tu mi rimetti insieme.
Quando sono a terra
tu mi porti.
Sono la palla
e tu sei l'aria dentro di me
che mi fa rimbalzare.
Sono la bicicletta
e tu sei la catena
che fa girare le ruote.
Sono l'aquilone
    e tu sei il vento
    che mi alza.

TREVELL THOMAS, 9 ANNI
AKRON, OHIO, USA

WHEN I HEAR THE CREAKING OF THE GATE

I come from a place where the springtime
daisies are a carpet.
In summer I can smell the jasmine.
I come from my house,

where I love to play with my friends.
I recognize my mother's footsteps
from the sound of her heels,
and in the evening, when I hear the creaking
of the gate, I know that my father
has come home for supper.

I come from my little room where I can hear
my parents talking in the kitchen.
There are fluffy pillows and my favorite stuffed animal
That reminds me of when I was little.

I come from my parents, who taught me the rules.
My mother gives me lots of cuddles,
my father gives me security.
I come from the portrait of my grandmother
who isn't here anymore.

SOFIA BARTOLINI, AGE 8
FLORENCE, ITALY

QUANDO SENTO CIGOLARE IL CANCELLO

Io vengo da un posto dove le margherite
a primavera sono un tappeto.
In estate sento l'odore del gelsomino.
Io vengo dalla mia casa,

dove mi piace tanto giocare con gli amici.
Riconosco la camminata della mamma
dal suono dei tacchi,
e la sera, quando sento cigolare
il cancello, so che il babbo
è tornato per cena.

Io vengo dalla mia cameretta dove sento
i miei genitori parlare in cucina.
Ci sono i cuscini soffici e il mio peluche preferito
che mi ricorda quando ero piccola.

Io vengo dai miei genitori, che mi hanno insegnato le regole.
La mamma mi fa tante coccole,
il babbo mi dà sicurezza.
Io vengo dal quadro della nonna
che non c'è più.

SOFIA BARTOLINI, 8 ANNI
FIRENZE, ITALIA

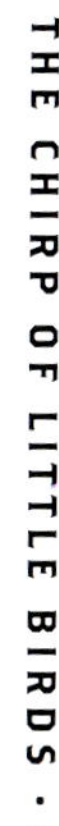

I WAS BORN
IN FLORENCE

THE
GREATEST
JEWEL
IN THE
WORLD.

ARTIST AFTER ARTIST

I was born in a city
that over time, has hosted
artist after artist.

I was born in a city
where masters and craftsmen
perform in the street.

I was born in a city
where the streets are named
for the arts of times past.

I was born in a city
where horse-drawn carriages
are still used for tourists.

I was born in a city
where bronze statues
have resisted time.

I was born in Florence
the greatest jewel
in the world.

LUCREZIA CIARDI, AGE 10
FLORENCE, ITALY

ARTISTI SU ARTISTI

Sono nata in una città
che nel tempo ha ospitato
artisti su artisti.

Sono nata in una città
dove maestri e artigiani
si esibiscono per strada.

Sono nata in una città
dove le vie hanno preso il nome
dei vecchi lavori.

Sono nata in una città
dove le carrozze sono
ancora in uso per i turisti.

Sono nata in una città
dove statue di bronzo
hanno resistito nel tempo.

Sono nata a Firenze
il più grande gioiello
del mondo.

LUCREZIA CIARDI, 10 ANNI
FIRENZE, ITALIA

A LITTLE SEED

I asked my mother,
"Where am I from?"
And she answered me simply,
"From love,
The love of your mother and father.
From a little seed, cared for
And protected with so much love
It grew into a plant
With a beautiful flower
That bloomed one summer day.
You were born.
You were, and will always be,
Our great love."

THOMAS ROBERTO, AGE 12
FLORENCE, ITALY

GIVE ME BREAD

I am a child
give me a family
give me love
give me friendship.
I am a child
give me water
give me bread
give me air.
I am a child
let me laugh
let me grow
let me learn.
I am a child.

PRIMARY SCHOOL STUDENTS, AGES 6 AND 7
FLORENCE, ITALY

UN PICCOLO SEMINO

Ho chiesto alla mia mamma:
"Da dove vengo?"
E lei con semplicità mi ha risposto:
"Dall'amore,
l'amore di mamma e papà.
Da un piccolo semino, curato e
protetto con tanto amore
È cresciuta
una pianta con un bel fiore
che un giorno d'estate è sbocciato.
Sei nato tu.
Tu sei stato, e sarai per sempre,
il nostro amore."

THOMAS ROBERTO, 12 ANNI
FIRENZE, ITALIA

DATEMI PANE

Sono un bambino
datemi una famiglia
datemi amore
datemi amicizia.
Sono un bambino
datemi acqua
datemi pane
datemi aria.
Sono un bambino
lasciatemi ridere
lasciatemi crescere
lasciatemi imparare.
Sono un bambino.

STUDENTI DI SCUOLA PRIMARIA, 6–7 ANNI
FIRENZE, ITALIA

I AM
A CHILD
LET
ME
GROW

PART II

VEDI IL FIUME

Witness the River

WITNESS THE RIVER,
THE WAY IT WHISPERS ANCIENT WORDS.

WITNESS THE RIVER

Witness the river,
the way it whispers ancient words
spoken by slithering streams
and vast oceans.

Witness the loneliness of the river,
how it longs for you,
but can't quite reach you.

Witness the strange power
flowing through you,
traveling slowly
and brushing against your ankles—
something you can only feel
if you witness the river.

JAKE SOYERS, AGE 12
KENT, OHIO, USA

VEDI IL FIUME

Vedi il fiume,
come bisbiglia parole antiche
pronunciate da ruscelli serpeggianti
e oceani immensi.

Vedi la solitudine del fiume,
come ti desidera,
ma per poco non ti raggiunge.

Vedi il potere strano
che ti attraversa,
viaggiando piano
e sfiorandoti le caviglie—
una cosa che puoi sentire solo
se vedi il fiume.

JAKE SOYERS, 12 ANNI
KENT, OHIO, USA

THE RAIN

Clouds and wind, like spectators
fill the anxious air with a buzz.
A light rain, cajoling, joyful
like a conductor, taps on the windows,
calling us to attention politely.
A pause, a whisper
and with a gesture the concert begins.

KRISTEN STRADA, AGE 12
FLORENCE, ITALY

LA PIOGGIA

Nuvole e venti, come spettatori
riempiono di brusio l'aria agitata.
Una pioggia lieve, cullante, gioiosa
come un direttore, sulle finestre picchietta,
la nostra attenzione chiamando con garbo.
Un momento di pausa, un sussurro
e con un gesto inizia il concerto.

KRISTEN STRADA, 12 ANNI
FIRENZE, ITALIA

A FLOWERING TREE

I come from a flowering tree,
From a river that passes under my house,
From green lawns,
From rows of grapevines,
From the reddish bricks of my old house.
I come from the chirping of the birds,
From the song of my mother's lullaby
From the sound of a book's pages rustling in the wind,
From the rains that fall quietly.
I come from the voices of the nuns calling me.
I come from cakes,
From flatbread in the oven,
From steaming-hot pizza,
From grandmother's kitchen,
From pork ribs freshly cooked,
And from grandpa's mint candies.
I come from the warmth of my mother's hug,
From the skin of smooth peaches.

PRIMARY SCHOOL STUDENTS, AGES 8 AND 9
FLORENCE, ITALY

UN ALBERO FIORITO

Io vengo da un albero fiorito,
da un fiume che passa sotto casa mia,
dai prati verdi,
dai filari di viti,
dai mattoni rossicci della mia vecchia casa.
Io vengo dal cinguettio degli uccelli,
dal canto della ninna nanna della mamma
dal rumore dei libri che si sfogliano al vento,
dalle piogge che cadono tranquillamente.
Io vengo dalla voci delle suore che mi chiamano.
Io vengo dalle torte,
dalla schiacciata in forno,
dalla pizza fumante,
dalla cucina della nonna,
dalla rosticciana appena cotta
e dalla menta delle caramelle del nonno.
Io vengo dal calore dell'abbraccio della mia mamma,
dal pelo delle pesche lisce.

STUDENTI DI SCUOLA PRIMARIA, 8–9 ANNI
FIRENZE, ITALIA

Una pioggia lieve,
cullante,
gioiosa
come un
direttore,
sulle finestre
picchietta

PLEDGE

I pledge allegiance to the jawbone river,
to its curves and eddies
to the little fish inside
and the killdeer on the banks.

I pledge allegiance to the u-shaped river,
cloudy but clear in its intentions.

I pledge allegiance to the old canal
filled with moss and leaves
once an artery to a young nation
keeping it alive and well.

I pledge allegiance to the glaciers that
formed the trenches that water filled.

I pledge allegiance to the never-ending
hum of insects playing a melody only
they can hear.

I pledge allegiance to the mosquitoes
that make me itch with annoyance.

I pledge allegiance to the bright blue
dragonflies who insist on landing on
my bare, pale legs.

To the dragonflies hidden within
the grass, only the distinguished blue
at the tip of their twig bodies showing.

Turquoise-like dragonflies with stained-glass
wings, tree bark engraved with
lines cut in deep like scars that are
tributes to their souls.

I pledge to the unspoken unity and
safety of our wildlife, to the birds,
the fish, to all who inhabit this land.

To the dirt that marks my thumb when
I fall and would line my fingernails
if I hadn't cut them to a stub.

I pledge allegiance to the train of
thought that blows its horn every night.

I pledge allegiance to the way
the pen touches paper creating something
beautiful or terrible.

I pledge to love myself,
pain, scars, and all.

WICK JUNIORS SUMMER WRITING CAMP
KENT, OHIO, USA

GIURAMENTO

Giuro fedeltà al fiume a forma di mandibola,
alle sue curve e alle correnti
ai pesciolini che ci abitano
e ai pivieri sulla riva.

Giuro fedeltà al fiume a forma di «U»,
torpido, ma con intenzioni chiare.

Giuro fedeltà al vecchio canale
pieno di muschio e di foglie
una volta l'arteria di una giovane nazione
mantenendola in vita.

Giuro fedeltà ai ghiacciai che
formarono i fossi che l'acqua riempì.

Giuro fedeltà al ronzio infinito
degli insetti, una melodia
che solo loro riescono a sentire.

Giuro fedeltà alle zanzare
che mi fanno venire un prurito fastidioso.

Giuro fedeltà alle libellule blu
che insistono a posarsi sulle
mie gambe nude pallide.

Alle libellule nascoste nell'erba,
solo la punta distinta blu
del corpo sottile si vede.

Libellule come il turchese con ali
di vetro colorato, cortecce di alberi con
righe profonde incise, cicatrici che
celebrano le loro anime.

Giuro di tutelare la fratellanza implicita
della natura che ci appartiene, gli uccelli,
i pesci, e tutti che vivono in questo terreno.

Giuro fedeltà alla terra che rimane sul pollice
quando cado, che sporcherebbe le unghie
se non le avessi tagliate fino alla carne.

Giuro fedeltà al filo dei
pensieri che si fa sentire tutte le sere.

Giuro fedeltà al modo in cui
la penna tocca la carta. Crea qualcosa
di bello o di terribile.

Giuro di amare me stesso,
i miei dolori, le mie cicatrici, e tutto.

STUDENTI DEL CAMPO ESTIVO DI SCRITTURA
WICK JUNIORS
KENT, OHIO, USA

IN A TREE FULL OF BEES

Poetry lives in my body,
in my bones, my head, my heart.
Poetry lives in an aquarium talking to the fish.
Poetry lives in a tree full of bees.

Poetry lives in the air,
hoping to be breathed in.
Poetry lives in my ear,
listening to every word people say.
Poetry lives in a lucky #2 pencil,
getting older by the word.

ELEMENTARY SCHOOL STUDENT, AGE 8
HOLDEN ELEMENTARY SCHOOL
KENT, OHIO, USA

POETRY LIVES IN MY BODY,

IN UN ALBERO PIENO DI API

La poesia vive nel mio corpo,
nelle ossa, nella testa, nel cuore.
La poesia vive in un acquario dove parla con i pesci.
La poesia vive in un albero pieno di api.

La poesia vive nell'aria,
sperando di essere inalata.
La poesia vive nel mio orecchio,
dove ascolta tutto ciò che la gente dice.
La poesia vive in una matita gialla portafortuna,
che si invecchia con ogni parola.

STUDENTI DI SCUOLA ELEMENTARE, 8 ANNI
KENT, OHIO, USA

LADDER TO THE STARS

I have been thinking,
listening to my heart beat
in rhythm with my soul,
my mind in unison with my toes—
the tap, tap of my stomach
in Morse code.

I have been thinking
about living like a tree,
my arms adorned
with green glass drops.

I have been thinking
about living like a river,
never ending, never stopping,
always rushing, my waters
a looking glass.

I have been thinking
about living like a circle,
a round, perfect circle
like the Earth.

I have been thinking,
listening to the planets rumble,
about the Big Bang.
I want to live the Big Bang.
Will it happen again when I die?

I have been thinking,
Watching the sunset,
the dark cloth of the sky lifted,
my ribcage a ladder to the stars.

ELLA HASSLER, AGE 11
KENT, OHIO, USA

IN MY BONES, MY HEAD, MY HEART.

UNA SCALA VERSO LE STELLE

Stavo pensando,
ascoltando il battito del cuore
al ritmo della mia anima,
la mente all'unisono con le dita dei piedi—
i colpetti dentro lo stomaco
del codice Morse.

Stavo pensando
di vivere come un albero,
le braccia adornate
con gocce di vetro verde.

Stavo pensando
di vivere come un fiume,
senza fine, senza fermarmi,
sempre di corsa, le mie acque
uno specchio.

Stavo pensando
di vivere come un cerchio,
un cerchio rotondo perfetto,
come la Terra.

Stavo pensando,
ascoltando il rimbombo dei pianeti,
al Big bang.
Voglio vivere il Big bang.
Succederà di nuovo quando muoio?

Stavo pensando,
guardando il tramonto,
la tela scura del cielo alzata,
le mie costole una scala verso le stelle.

ELLA HASSLER, 11 ANNI
KENT, OHIO, USA

THE RAINBOW
LOOKS LIKE
A COLORFUL
SCARF

THAT WARMS

THE SOFT CLOAK OF THE CLOUDS

I like to look at colors.
The rainbow looks like
a colorful scarf
that warms the sky
when it's cold.
I like the idea of touching
the soft cloak of the clouds
that look like cotton candy
on a day at the amusement park.
I like to feel the wind
that moves my hair, ruffles it,
like it does the leaves on the branches.
In summer I like to smell
the scent of ripe cherries
that shine on the trees,
dangling like beautiful earrings.

MARTINA ZANELLATO, AGE 11
FLORENCE, ITALY

IL SOFFICE MANTELLO DELLE NUVOLE

Mi piace guardare i colori.
L'arcobaleno sembra
una sciarpa colorata
che riscalda il cielo
quando ha freddo.
Mi piace l'idea di toccare
il soffice mantello della nuvole,
assomiglia allo zucchero filato
in una giornata al Luna Park.
Mi piace sentire il vento
che muove i miei capelli, li arruffa,
come fa con le foglie sui rami.
Mi piace annusare in estate
il profumo delle ciliegie mature
che risplendono sugli alberi,
sembrano pendenti di bellissimi orecchini.

MARTINA ZANELLATO, 11 ANNI
FIRENZE, ITALIA

THE SKY WHEN IT'S COLD.

FLORENCE (IN COMMEMORATION OF THE 1966 FLOOD OF FLORENCE)

The ancient city
between lights and shadows
reflected in the slow flow
of the river.
River loved and hated,
that one day picked up and
carried the city into the whirlpool.
The water spun,
spun,
spun
over ancient paintings,
over crosses now risen from the mud,
over the lines of books,
with a force that wanted to rip the
words away from the past.
Get out of the mire, Florence!
And live, with the past now cleansed,
in your bright future.

LAPO CECIONI, AGE 11
FLORENCE, ITALY

FIRENZE (IN COMMEMORAZIONE DELL'ALLUVIONE DI FIRENZE DEL 1966)

L'anziana città
tra luci e ombre
si specchia nello scorrere lento
del fiume.
Fiume amato e odiato,
che un giorno l'ha presa e
trasportata nel vortice.
L'acqua girava,
girava,
girava
sui dipinti antichi,
sulle croci ora risorte dal fango,
sulle righe dei libri,
con la forza che voleva strappare
parole al passato.
Esci dalla melma, Firenze!
E vivi con il tuo passato ora lindo
nel tuo futuro luminoso.

LAPO CECIONI, 11 ANNI
FIRENZE, ITALIA

WHAT DOES THE RIVER KNOW?

What does the river know?
The river knows all the leaves that go down its cold water.
It knows when the trees need water to live
and it knows when animals are near.
The river knows the sounds of skipping stones.
It knows all the fish in the water; it knows what they say to each other.
The river knows when it gets disturbed.

What does the river know?
The river knows how we feel inside.
It feels our hearts because it has been here for years and it's old.
The river is the softest blanket that you can find.
The river knows how to take you to a beautiful place.
And, the river knows when we touch the water.

What does the river know?
The river knows why the birds chirp and fly around Standing Rock.
It knows why the waves crash against the sand while kids run around.
The river knows why turtles go into their shells.
The river smiles when people come.
The river knows everything!

ELEMENTARY SCHOOL STUDENTS, AGES 9 AND 10
KENT, OHIO, USA

COSA CAPISCE IL FIUME?

Cosa capisce il fiume?
Il fiume capisce tutte le foglie che cadono nella sua acqua fredda.
Capisce quando gli alberi hanno bisogno di acqua per vivere
e capisce quando ci sono animali vicino.
Il fiume capisce il rumore delle pietre che rimbalzano.
Capisce tutti i pesci nell'acqua; capisce cosa si dicono.
Il fiume capisce quando viene disturbato.

Cosa capisce il fiume?
Capisce come ci sentiamo dentro di noi.
Sente i nostri cuori perché è qui da tanto ed è vecchio.
Il fiume è la coperta più morbida che si possa trovare.
Il fiume sa portarti in un posto bellissimo.
In più, il fiume capisce quando tocchiamo l'acqua.

Cosa capisce il fiume?
Capisce perché gli uccelli cinguettano e volano intorno a Standing Rock.
Capisce perché le onde sbattono sulla sabbia mentre i bambini ci corrono.
Il fiume capisce perché le tartarughe si nascondono dentro il guscio.
Il fiume sorride quando la gente arriva.
Il fiume capisce tutto!

STUDENTI DI SCUOLA ELEMENTARE, 9–10 ANNI
KENT, OHIO, USA

THE SEA

The wave that begins at sea
embraces the shore
as a seashell arrives
still alive.

The sea lies calm
And in the distance a ship
Then a grave sound
echoed
voracious.

Songs of immigrants
rang out from makeshift rafts.

GIULIA TORRINI, AGE 11
FLORENCE, ITALY

IL MARE

L'onda che parte dal mare
la riva va ad abbracciare
mentre arriva una conchiglia
ancora viva.

Il mare giace
E si vede in lontananza una nave
Allora si udì un suono grave
Che rimbombò
vorace.

Canti di immigrati
Che arrivavano da gommoni improvvisati.

GIULIA TORRINI, 11 ANNI
FIRENZE, ITALIA

ON THE WINGS OF THE SKY

If I were a bee,
I would like that you, flower,
might open your snow-white skin
to give me a hand
and grant me your nectar
so I can fly toward infinity.

MARTINA NANNUCCI, AGE 12
FLORENCE, ITALY

SULLE ALI DEL CIELO

Se fossi un'ape
vorrei che tu, fiore
aprissi la tua candida pelle
per offrirmi un aiuto
e mi dessi il tuo nettare
per volare verso l'infinito.

MARTINA NANNUCCI, 12 ANNI
FIRENZE, ITALIA

CUYAHOGA RIVER CHANT

Big river, small river
Wide river, narrow river
This river is a cool river

Going on my way river
We're almost there river
Like a waterslide river
Splish-splash river
Huge "CRASH!" river

Love river
Hate river
Kind river
Mean river
I like rivers

Rocky river
Sad river
Happy, soothing touch river

Calm river
Rough river
Having fun with my friends
River

KIERAN SYED, AGE 11
KENT, OHIO, USA

CANTO DEL FIUME CUYAHOGA

Grande fiume, piccolo fiume
fiume largo, fiume stretto
Questo fiume è forte

Fiume me ne vado
Fiume ci siamo quasi
Fiume come uno scivolo ad acqua
Fiume splish-splash
Fiume grande «CRASH!»

Fiume amore
Fiume odio
Fiume gentile
Fiume cattivo
Mi piacciono i fiumi

Fiume roccioso
Fiume triste
Fiume dal tocco rassicurante, felice

Fiume calmo
Fiume duro
Fiume
mi diverto con gli amici

KIERAN SYED, 11 ANNI
KENT, OHIO, USA

ALM
RIVER
OUGH
RIVER

I WRITE TO GROW A WORLD

Scrivo per far crescere un mondo

THE WORDS, THE SONGS

I write with the words I hear:
an earthquake of shouts,
an invasion of my sisters' cries.
I write with the words I touch:
the softness of my cat.
I write with the sweet taste
of the gummies I eat every day,
with the taste of medicine
(a little disgusting).
I write with the aroma of sauce
my mama is making.
I write with the songs of princesses
I meet in my dreams.

VANESSA MONGELLUZZO
FLORENCE, ITALY

LE PAROLE, I CANTI

Scrivo con le parole dell'udito:
un terremoto di grida,
un'invasione di pianto delle mie sorelle.
Scrivo con le parole del tatto:
la morbidezza della mia gatta.
Scrivo col gusto dolce
delle caramelle gommose che mangio ogni giorno,
con quello (un po' disgustoso)
delle medicine.
Scrivo con l'odore del sugo
che la mamma sta preparando.
Scrivo con i canti di principesse
che incontro nei sogni.

VANESSA MONGELLUZZO
FIRENZE, ITALIA

IF THE POEM FALLS APART

I write because the feel of paper
under my pencil is always the same,
though the friction of words is different.

I write to see a reflection
besides the one in the mirror.

I write, waving a butterfly net
through the garden,
to catch my childhood before it escapes.
I write to hold on. I write to let go.

I write because it hurts,
because even if the poem falls apart,
the hollow where it could have been,
the impact of its absence,
like water shaping the shore,

is still there.

HATHAWAY BROWN OSBORNE CENTER
WRITING COMMUNITY STUDENTS
CLEVELAND, OHIO, USA

SE LA POESIA CADE A PEZZI

Scrivo perché la sensazione del foglio
sotto la mia matita è sempre uguale,
mentre l'attrito delle parole è diverso.

Scrivo per vedere un riflesso
diverso da quello allo specchio.

Scrivo, sventolando un retino per farfalle
in giardino,
per catturare la mia infanzia prima che mi sfugge.
Scrivo per tenere duro. Scrivo per rinunciare.

Scrivo perché fa male,
perché anche se la poesia cade a pezzi,
il vuoto che avrebbe potuto riempire,
l'impatto della sua assenza,
come l'acqua che modella la costa,

rimane ancora.

DEL CENTRO HATHAWAY BROWN OSBORNE
STUDENTI DELLA COMUNITÀ DI SCRITTURA
CLEVELAND, OHIO, USA

WORDS IN A CAGE

I write to trap my emotions
or a bad dream.
This way I am certain
they won't come back to my heart.
On paper, lines look like cages.
I put down a period to lock them in,
to make sure they don't escape again.
At the bottom I write
The End.

BRENDA BIAGIONI, AGE 7
FLORENCE, ITALY

INSIDE A WHISPER

Charge inside a whisper.
That is what I would do—
and bounce from sound to sound,
hearing dodgy, clattery
secrets that swerve
inside and out, and prance
from one atom to another.

Outside a whisper it is quiet,
like butterflies in a field,
while inside, it is a different world,
where creatures slouch and lounge,
hearing secrets so loud,
they have to deliver them
to the next person.

MASON LEWIS, AGE 9
KENT, OHIO, USA

DENTRO UN SUSSURRO

Buttarmi dentro un sussurro.
Quello farei—
e rimbalzerei da suono a suono,
sentendo segreti dubbiosi, clamorosi
che schivano
dentro e fuori, e sbalzano
da un atomo all'altro.

Al di fuori di un sussurro c'è il silenzio,
come farfalle in un campo,
mentre dentro, è un altro mondo,
dove creature pigre si riposano,
sentendo segreti talmente forti,
che devono consegnarli
al prossimo.

MASON LEWIS, 9 ANNI
KENT, OHIO, USA

PAROLE IN GABBIA

Io scrivo per intrappolare le mie emozioni
o un sogno troppo brutto.
Così sono certa
che non torneranno più nel mio cuore.
Sul foglio le righe sembran gabbie.
Metto un punto per chiuderle,
per essere certa che non scappino più.
Scrivo in fondo la parola
Fine.

BRENDA BIAGIONI, 7 ANNI
FIRENZE, ITALIA

AND BE MOVED.

THE PENCIL PULLING ME ALONG

I write to move and be moved.
I write to play, for fun, to act silly.
I write to have a voice,
to tell you I love you without feeling embarrassed.
I write to glue the most beautiful moments
on a piece of paper,
to not feel the presence of my fears.
I write and between my fingers, I feel
the pencil pulling me along,
carrying me with it.
And if a wrong feeling gets out,
a stroke of the eraser and it's gone.

LEONARDO MAGGINI, AGE 7
FLORENCE, ITALY

LA MATITA CHE MI TRASCINA

Io scrivo per emozionare e per emozionarmi.
Io scrivo per giocare, per divertirmi, per sbizzarrirmi.
Io scrivo per parlare,
per dirti senza vergognarmi Ti voglio bene.
Io scrivo per incollare sul foglio
i momenti più belli,
per non sentire la presenza delle mie paure.
Scrivo e fra le dita sento
la matita che mi trascina,
che mi porta con sè.
E se scappa un sentimento sbagliato,
un colpo di gomma ed è tutto passato.

LEONARDO MAGGINI, 7 ANNI
FIRENZE, ITALIA

I WRITE TO GROW A WORLD

I write to grow a world
and let my imagination mold me.
I write for reasons that cluster
in my mind before they drift
away like feathers in the breeze.

I write to gain control of the page,
to go where my pen and I make decisions.
I write to make things fair.

I write because the world can make me
feel like I'm the last leaf to fall.

Inspiration bubbles
like a pot of boiling water.
My pen twirls thoughts to ink,
brain to paper, writer to reader.

I write because I like the feeling
of my pen soaring
across the page.

WICK JUNIORS WRITING CLUB STUDENTS
KENT, OHIO, USA

SCRIVO PER FAR CRESCERE UN MONDO

Scrivo per far crescere un mondo
per farmi crescere dall'immaginazione.
Scrivo per ragioni che si radunano
nella mente prima di volar
via come piume sul vento.

Scrivo per dominare la pagina,
per andare dove la penna e io prendiamo decisioni.
Scrivo per rendere giuste le cose.

Scrivo perché il mondo sa farmi
sentire come l'ultima foglia a cadere.

L'ispirazione bolle
come l'acqua in una pentola.
La mia penna gira pensieri in inchiostro,
cervello in carta, scrittore in lettore.

Scrivo perché mi piace la sensazione
della penna che vola
sopra la pagina.

STUDENTI DEL CLUB DI SCRITTURA
WICK JUNIORS
KENT, OHIO, USA

I WRITE TO GROW A

Io, con un
pensiero
sempre in
mente...

A PEN IN HAND

I, a fickle being,
always shifting.
A bendable creature
who bows but does not break.

I, who stops to admire a sunset
or a starry sky,
who can't stand still.

I, with hair in the wind
and a good laugh,
who prefers ink to voice.

I, with a thought always in mind,
with words always on my tongue
and a pen always in hand.

GAJA PIETRASZEWSKI, AGE 13
FLORENCE, ITALY

UNA PENNA IN MANO

Io, un'esistenza incostante,
in continuo mutamento.
Una creatura flessibile
che si piega ma non si spezza.

Io, che mi fermo a guardare un tramonto
o un cielo stellato,
che non riesce a stare ferma.

Io, con i capelli al vento
e la risata forte,
che usa più l'inchiostro della voce.

Io, con un pensiero sempre in mente,
con parole sempre in bocca
e una penna sempre in mano.

GAJA PIETRASZEWSKI, 13 ANNI
FIRENZE, ITALIA

USING WORDS LIKE TOPS

SPIN AND SPIN

I write about the everyday small things,
using words like clouds.
They have different shapes,
always chasing each other and changing.
Sometimes I have fun. They make me laugh.
Sometimes they make me cry or get angry.
I write to fight the boredom that wraps
itself around me when I don't know what to do,
using words like tops that spin
and spin and fall to the ground.

ANDREA FEDERICO
FLORENCE, ITALY

THAT SPIN AND SPIN

GIRANO E GIRANO

Scrivo delle piccole cose che mi capitano ogni giorno,
usando le parole come nuvole.
Hanno forme diverse,
si ricorrono e cambiano sempre.
A volte mi divertono, mi fanno ridere,
a volte piangere e arrabbiare.
Scrivo per combattere la noia che mi avvolge
quando non so che fare,
usando le parole come trottole che girano
e girano e cadono giù per terra.

ANDREA FEDERICI
FIRENZE, ITALIA

REFUGE

A book is a refuge,
a friend I can talk to,
a home away from home.

A book is a doorway
to imagination, every page
a rushing river of words.

I read to see the world
from a different perspective,
to hide away in a secret corner
and create peace.

I read to carry on the story.

ADAM KHAN, AGE 10
KENT, OHIO, USA

RIFUGIO

Un libro è un rifugio,
un amico con cui parlare,
una casa lontano da casa.

Un libro è una porta aperta
all'immaginazione, ogni pagina
un rapido fiume di parole.

Leggo per vedere il mondo
da un punto di vista diverso,
per nascondermi in un angolo segreto
e creare la pace.

Leggo per portare avanti la storia.

ADAM KHAN, 10 ANNI
KENT, OHIO, USA

SWEET, SOFT

I remember
the first letter.
Sweet.
And then another came
sweet and soft.
And then another,
sweet, soft, and pretty.
And then one more,
to make up a poem
that one day I'll read to you.

MARIA JULIA LASCIERAS, AGE 12
FLORENCE, ITALY

DOLCE, MORBIDA

Io mi ricordo
la prima lettera.
Dolce.
E un'altra ne arrivò
dolce e morbida.
E un'altra ne arrivò
dolce, morbida e carina.
E un'altra ancora,
componendo una poesia
che poi vi leggerò.

MARIA JULIA LASCIERAS, 12 ANNI
FIRENZE, ITALIA

THIS PENCIL

This pencil is a rope
that pulls my heart and brain
onto the paper.
This pencil is a ladder
I climb to heaven.
This pencil is a branch
that spreads love to the world,
like apples falling down.
This pencil is a wand
sparkling letters
onto the page.

HEI NAY THA, AGE 8
AKRON, OHIO, USA

QUESTA MATITA

Questa matita è una corda
che mi tira il cuore e il cervello
sul foglio.
Questa matita è una scala
che salgo per arrivare in paradiso.
Questa matita è un ramo
che porta l'amore al mondo,
come mele che cadono.
Questa matita è una bacchetta
spolverando lettere
sopra la pagina.

HEI NAY THA, 8 ANNI
AKRON, OHIO, USA

THE PAGE IS A FOREST

When I write I feel like an adventurer.
The page is a forest,
the letters, strange animals
who hide and wait for me in silence.
But I'll know how to tame them.
And I won't be afraid of them anymore.

ALESSIO PADURARIU
FLORENCE, ITALY

IL FOGLIO È UNA FORESTA

Quando scrivo mi sento un avventuriero.
Il foglio è una foresta,
le lettere animali strani
che si nascondono e mi aspettano in silenzio.
Ma io saprò domarli.
E non avrò più paura di loro.

ALESSIO PADURARIU
FIRENZE, ITALIA

I HEAR THE WORLD SING

MY VOICE

My voice fills the air
with song.
It pops out like a purple crocus in spring,
blooming louder every day.
My voice carries a secret
then passes it on.
My voice is like an oven—it dings
when a good idea is done.
My voice moves
to the vibrations
of peace.
I hear the world sing
and my voice sings back.

ELEMENTARY SCHOOL STUDENTS, AGES 9 AND 10
KENT, OHIO, USA

LA MIA VOCE

La mia voce riempie l'aria
di canto.
Salta fuori come un croco viola a primavera,
sbocciando più forte ogni giorno.
La mia voce mantiene un segreto
poi lo svela.
La mia voce è il contaminuti del forno—squilla
quando una buon'idea è pronta.
La mia voce si muove
al ritmo delle vibrazioni
della pace.
Sento cantare il mondo
e la mia voce risponde cantando.

STUDENTI DI SCUOLA ELEMENTARE, 9–10 ANNI
KENT, OHIO, USA

e la mia voce risponde cantando.

Participants ◦ Partecipanti

The editors would like to thank the following schools, teachers, and translators for their important contribution to this book.

I nostri ringraziamenti vanno alle scuole, agli insegnanti e ai traduttori seguenti per l'importante contributo a questo libro.

Italian Composition & Conversation Students, Kent State University
Studenti di Composizione e conversazione italiana, Kent State University
Laura Burton, Catherine Calvaruso, Shannon Clark, Maria Costanzo, Regis Coustillac, Amy Cox, Isabella Delatte, Maria Frissora, Morgan Hallam, Laura Jones, Katie Lazzari, Anna Li, Mark Loudermilk, Lia Meden, Helen Meffie, Deborah Miller, Andrew Mis, Isin Sezer, Madeline Steward, Jacob Tronge, Nicholas Verbus, Edward Yannayon, Kevin Zezlina

Schools in Florence, Italy
Scuole a Firenze (Italia)

Istituto Comprensivo Statale "Giorgio La Pira"
(Campi Bisenzio)
Dirigente scolastico: Osvaldo Di Cuffa

Scuola primaria "Marco Polo"
Insegnanti: Diana Capaldo, Amanda Chechi, Chiara Conti, Ilaria Restano Magazzini, Ilaria Marselia, Anna Maria Masci, Raffaelina Turano, Raffaella Venturi

Scuola primaria "Vamba"
Insegnanti: Francesca Castellana, Elena Del Bel Belluz, Modesta Iorio, Rosanna Limongi, Daniela Paperini

Scuola secondaria I grado "Verga"
Insegnanti: Silvia Cosimi, Valentina Guadagno

Istituto Comprensivo "Le Cure"
Dirigente scolastico: Silvia Signorini
Insegnanti: Donata Baldini, Barbara Bindi, Maria Rosaria Guarcini, Cristina Mannucci, Benedetta Savelli

Schools in Ohio, United States
Scuole in Ohio (USA)

Walls Elementary School, Kent
Teachers: Tiffany Yehle, Vendora Foster, Misty Wilson

Miller South School for the Visual & Performing Arts, Akron
Teachers: Lori Galambos, Marcia Skidmore

Urban Vision, Akron
Teachers: Regis Coustillac, Daisha Overstreet, Isaiah Hunt, Sony Ton-Aime

Holden Elementary School, Kent
Teacher: Susan Louis

Holden Elementary Writer's Club, Kent
Teacher: Susan Louis

Wick Juniors Summer Writing Camp, Kent
Teachers: Charlie Malone, Tylor Patterson, Morgan Duckett, Emma Fabbro, Sony Ton-Aime, Sarah Welton

LeBron James Family Foundation
I Promise Network Schools, Akron:
Jennings CLC
NIHF STEM Middle School
Hyre Middle School
John R. Buchtel CLC
Miller South School for the Visual & Performing Arts
Litchfield CLC
East CLC Middle School
Innes CLC Middle School

ACKNOWLEDGMENTS

Among the many individuals who have generously contributed to the Traveling Stanzas project, we would like to especially thank Cathy Hemming, Joan and Ron Burbick, and Carol W. Gould.

We are grateful to the Burbick Foundation, the Ohio Arts Council, the National Endowment for the Arts, and the John S. and James L. Knight Foundation, whose funding made possible the workshops from which these poems emerged. Thank you to Anne Ilcus, who worked on early translations of these poems. We must also thank Dean James Blank of Kent State University's College of Arts and Sciences, as well as the University's former and current presidents, Dr. Beverly Warren and Dr. Todd Diacon, for their tremendous and ongoing support. Thank you to Dr. Nicoletta Peluffo for the invaluable support and skillful coordination with the schools in Florence. Thank you to teachers Ilaria Restano Magazzini and Donata Baldini for their enthusiasm and hard work. Finally, we are deeply grateful to Bob and Walter Wick, who founded the Wick Poetry Center in 1984 in memory of their sons Stan and Tom, and to the entire Wick family for their support and generosity.

RINGRAZIAMENTI

Tra le tante persone che hanno contribuito generosamente al progretto Traveling Stanzas, vorremmo ringraziare in particolar modo Cathy Hemming, Joan e Ron Burbick e Carol W. Gould.

Siamo grati alle seguenti fondazioni per l'appoggio finanziario che ha dato vita ai workshop dove sono nate queste poesie: la Burbick Foundation, l'Ohio Arts Council, la National Endowment for the Arts, e la John S. and James L. Knight Foundation. Grazie ad Anne Ilcus per traduzioni preliminari delle poesie. Della Kent State University ringraziamo anche il Dean James Blank del College of Arts and Sciences, il Presidente precedente Dr. Beverly Warren e l'attuale presidente Dr. Todd Diacon per il fondamentale e continuo sostegno. Grazie alla Dr. Nicoletta Peluffo per l'inestimabile aiuto e l'esperto coordinamento con le scuole di Firenze. Grazie alle insegnanti Ilaria Restano Magazzini e Donata Baldini per il loro entusiasmo e impegno. Infine siamo profondamente grati a Bob e Walter Wick, che hanno fondato il Wick Poetry Center nel 1984 in memoria dei figli Stan e Tom, e a tutta la famiglia Wick per il loro supporto e la loro generosità.